LOUIS XVIII
ET CHARLES X,

OU DES

DROITS DE LA LÉGITIMITÉ;

Par le Ch^{er} A. PHILPIN,

ANCIEN MAGISTRAT.

PARIS.

PONTHIEU, LIBRAIRE, AU PALAIS-ROYAL.

—

SEPTEMBRE 1824.

IMPRIMERIE DE DAVID, RUE DU FAUBOURG POISSONNIÈRE, N° 1.

SEIZE SEPTEMBRE 1824.

Le Roi vient de mourir, la France est sans Monarque!
Ah! trois fois répétons ces douloureux accens!
Des regrets, de l'amour, ils sont la noble marque!
Mais pour un autre Roi déjà brûle l'encens?
Non, la mort n'atteint pas une race immortelle!
Le Roi vient de mourir! Crions : VIVE LE ROI (1)!
C'est son frère; oui, c'est lui, c'est ce Prince fidèle,
Protecteur de la France, et soutien de la loi;
C'est lui que vous voyez au trône héréditaire,
Saisir de ses aïeux le sceptre tutélaire,
Promettre à sa Patrie, en ce jour de splendeur,
La véritable gloire et l'amour de l'honneur.

---

(1) *Le mort saisit le vif*. L'autorité royale ne meurt pas en France; elle passe sans interruption du Roi defunt à son legitime successeur. — (*Loi du Royaume.*)

Saint pouvoir des droits légitimes;
Toi qu'on a blasphêmé, voilà de tes bienfaits !
Des peuples mieux instruits les respects unanimes
Consacrent maintenant tes sublimes effets.
Des fastes de l'honneur noble dépositaire,
Tu donnes à la gloire un prix héréditaire;
Des services passés tu dotes l'avenir :
Et tu fais d'une main toujours reconnaissante,
Vivre la récompense où l'Histoire impuissante
    Ne gardait que le souvenir.

    Charles, ta grandeur et la nôtre
Sont dans cet ordre heureux où Dieu les a placés,
Où l'aïeul et le fils s'honorent l'un par l'autre,
Où les temps à venir naissent des temps passés.
Digne représentant de toute notre histoire,
La longue expérience, une longue mémoire,
Redoublent ton éclat à nos yeux éblouis.
Fils de Louis-le-grand, sois fier de ta naissance;
De ta postérité sois fier avec la France,
    Père du plus jeune Louis.

Ces vers sont de M. A. Guiraud.

LOUIS XVIII ET CHARLES X,

OU

DES DROITS DE LA LÉGITIMITÉ.

La mort d'un bon Roi est toujours une grande calamité ; qu'il nous soit donc permis de mêler nos regrets au lugubre concert que la France fait entendre. Certes , la royauté ne meurt pas : ce principe de la légitimité console à la fois la nature et les peuples ; mais' les fils ont-ils toujours les vertus de leurs pères ? ah ! pour nous, que cette question est facile à résoudre ; nous voyons devant nous le meilleur des rois, le plus sage, le plus courageux, léguer à son illustre frère ses vertus et sa couronne.

Notre but, dans ce récit rapide, étant de faire connaître et de bien expliquer les droits de la légitimité, nous croyons, si nous parvenons à ce but, satisfaire le vœu des amis du véritable honneur.

Prouver que Dieu est, que ce qui est légitime est juste, et que ce qui est juste est bien : semble au premier coup d'œil une thèse facile, une chose toute naturelle ; en effet, on se demande où est l'homme de bonne foi dont l'esprit douterait d'un créateur, dont la pensée déïcide expliquerait le néant. Où donc est celui qui ne se croirait point appelé à recueillir l'héritage paternel ? On se demande enfin si ce qui est juste ne saurait être un bien, une révélation de la divinité. Point de doute, s'écrie-t-on, n'avons-nous pas la connaissance et du bien et du mal ?

Erreur ! de tous les temps, comme de notre époque, des hommes animés par le génie du mal se sont élevés, par l'ascendant de leurs facultés, au-dessus de la vérité primitive ; ils ont étouffé la voix timide de la raison et embrâsé pour ainsi dire, des rayons d'une fausse lumière, le temple indestructible de la vraie philosophie. Les peuples, ou du moins beaucoup d'hommes, ont marché aux clartés de ces torches funèbres ; ils ont fait quelques pas ; mais bientôt ils ont été se perdre dans un éternel abîme.

La voix des vérités utiles doit donc reten-
tir sans cesse ; si l'esprit des siècles grandit ,
cette voix doit grandir avec eux ; elle ne doit
point se reposer sur la bonté de sa cause; elle
doit abandonner la faiblesse de son premier
langage, pour se revêtir des ornemens les
plus imposans ; écraser, sous le poids immense d'une éloquente vérité , le vil et puissant blasphémateur ; comme aussi remplacer
dans tous les cœurs le poison de la stupide in-
différence par l'amour du bien public , qui
se trouve à la fois, et dans la religion et dans
la légitimité.

L'écrivain qui veut défendre les droits
imprescriptibles de cette *Légitimité monarchique,* doit moins se borner à en démon-
trer les avantages , que retracer les calamités
qui accompagnent et détruisent avec le temps
les peuples soumis à la démocratie ou au
despotisme.

Le monde n'a qu'un DIEU ! ce Dieu a cédé
à la nature les attributs de sa puissance ; et
cette nature passive suit les lois qui lui furent imposées.

Chaque famille, chaque tribu primitive

eut son chef, chaque peuple son Roi, chaque homme son père.

La légitimité est dans la nature ; elle est une émanation de la puissance divine.

. Mais si l'Eternel concède à la nature une loi immuable, et des attributions sans nombre : de même un roi qui ne peut tout, confie à des hommes de bien, honorés desa confiance, une portion de pouvoirs soumis ou réglés par la loi naturelle , charte première de toute constitution.

J'essaierai donc de prouver tout le bien qui résulte pour un peuple d'une monarchie légitime et héréditaire. Si le temps me permettait d'entreprendre un ouvrage étendu , je donnerais l'origine et les parallèles des divers gouvernemens qui ont régi les principaux empires du monde ; la lumière rejaillirait des faits et de la vérité ; on aimerait alors à reconnaître comme la puissance bienfaitrice et tutélaire, cette monarchie qui semble se rajeunir de huit siècles de gloire.

Nous trouvons absolument dans la puissance paternelle le symbole du gouvernement monarchique.

Le gouvernement républicain ressemble au contraire à une nombreuse famille qui a perdu son chef; il n'a d'autre origine que l'usurpation de quelques hommes turbulens; il naît des révolutions et meurt avec elles. Telle fut l'histoire de la Grèce après les temps héroïques, telle fut Rome après l'expulsion des Tarquins et dans les temps postérieurs; telle est encore l'origine des républiques. En un mot, il n'y a pas de républiques pures, parce qu'il n'y a point de peuples de sages. .

Le plus puissant empire du monde a conservé ses lois dans toute la pureté de leur origine, parce qu'il ne reconnaît d'autres principes de gouvernement que la puissance paternelle. Ce fut-là la pensée du grand Confucius, premier législateur des Chinois.

Homère, le divin Homère, ne reconnaît de bon que le gouvernement d'un seul; mais en abandonnant les époques douteuses de l'histoire ancienne, en jetant avec respect un regard sur l'histoire sacrée, nous retrouvons, dès le berceau du monde, l'origine de la monarchie. S'il est au moment de la rédemption, un peuple rébelle, incrédule et superstitieux, un peuple sans roi, on le voit aussitôt, poursuivi par son obstination, se perdre, se proscrire soi-même, s'infiltrer pour ainsi dire chez toutes les autres nations de la terre, enfin cesser d'être peuple : et cette famille sans patrie a été dispersée par le vent de la réprobation.

Je n'ai point à parler des gouvernemens mixtes, ou despotiques. Ne pouvant rien produire de bon, de grand, de légitime, ils ne peuvent mériter de place dans la discussion politique qui nous occupe.

Les royaumes purement monarchiques, ont certainement présenté de grandes vicissitudes; mais l'histoire des républiques, est plus terrible encore. Un moment, la force d'un dictateur, l'énergie des sénateurs et des tribuns, ou de tous autres chefs collectifs, peut soutenir la république, la sauver même à l'instant du péril : encore est-il vrai de voir et nécessaire de ne jamais oublier que l'homme, porté par sa nature à la domination, à l'ambition, insatiable d'or et d'honneurs, est bientôt honteux d'une sagesse que le peuple ne saurait comprendre et à laquelle il ne veut pas croire. Le talent éveille, comme malgré lui, l'ambition dans l'homme le plus austère; d'abord de bonne foi, les emplois qu'il obtient ne sont que la juste conséquence de l'appréciation du mérite ; mais la pratique du pouvoir excite l'ambition ; nous voyons les plus fiers républicains, réduire l'homme en esclavage, pour un peu d'or immoler des victimes; discuter, créer, puis rendre hommage à la loi sanglante des douze tables; du titre de censeur aspirer à la dictature : et cet homme qui naguère semblait le plus éloquent, le plus actif défenseur de la liberté et des droits de la patrie, en devient tout-à coup le plus affreux tyran (1).

Ainsi, tant que l'homme protégé par la fortune et le génie aperçoit le trône de la puissance souveraine vacant, il aspire d'y monter; le suprême pouvoir semble lui assurer l'immortel souvenir des générations futures.

Mais un roi, mais un homme qui n'a

---

(1) Exemple récent : voyez Iturbide.

rien à prétendre dans les ambitions de la terre, héritier des biens et du titre souverain de ses pères, il n'a plus qu'une pensée : la gloire et la prospérité de la patrie. La force des choses pose donc une digue à l'ambition de ceux qui sont appelés à l'honneur d'aider le pouvoir dans le gouvernement des affaires ; l'intérêt du peuple réclame donc une hérédité souveraine.

Pour prouver et faire connaître l'excellence de la légitimité, il suffit de lire l'histoire de la monarchie française. Nous voyons d'abord les plus beaux débris de l'immense usurpation romaine, se réunir sous le sceptre de nos rois ; la France naître enfin, grandir et devenir l'un des plus florissans royaumes de la terre. Je le sais : nous avons à gémir sur l'impuissance de facultés, sur la conduite de quelques-uns de nos rois ; je rappelle franchement cette vérité, pour répondre victorieusement à l'insinuation perfide de la dégénération morale ou facultative du sang des grands hommes. La race des familles n'est pas pareille à la plante exotique, elle ne peut dégénérer ; des rois vulgaires nous ont fourni des rois illustres ; ceux-là ont consolidé la monarchie française, posé des lois constitutives, et applani la voie souveraine. Telle se rencontre encore la beauté de la légitimité, que la démence même du monarque ne saurait entraver la marche des affaires publiques, et que le malheur même de la personne royale est une raison de plus de respect, d'amour et de fidélité (1).

Si la révolution française fut l'école des rois, elle est aussi pour les peuples une leçon terrible. Si le régicide, si la proscription d'un monarque, si la guerre civile, si la guerre au dehors ont exalté toutes les passions humaines, si enfin au milieu de ce désordre quelques hommes de génie, s'élançant sur le char de la gloire, ont pu se conquérir un nom; si les sciences, si les arts ont à revendiquer un honneur suprême : peut-on dire qu'à la révolution seule est dû cet élan sublime, cet agrandissement du savoir et de la pensée? non, nous répondons non; le siècle de Louis XIV régénéra les arts; les véritables savans et grands

____

(1) Voyez l'Angleterre, fin du règne du feu roi.

hommes de la révolution, nés avec Louis XVI
eurent reçu du souverain une couronne de
plus; l'œil de la philosophie n'eût point ré-
pandu des larmes sur les débris de l'autel, du
trône, de la patrie elle-même; il n'eût point
été effrayé de ces saturnales populaires,
de ces sacrifices humains; oui, cette philosophie dont quelques-uns ont profané la vir-
ginité sacrée, dont tant d'autres connaissent
si peu l'essence divine, n'aurait point été
avilie, jusqu'à voir son nom servir de thê-
me à des prédications captieuses, où l'on
se faisait un honneur d'immoler à la fois
la morale et Dieu même. L'incendie révolutionnaire avait tout dévoré; il s'épuisait
faute d'alimens; un homme parut, il con-
çut et exécuta l'idée de s'emparer du suprême
pouvoir. Il pouvait être César, mais ses
propres facultés lui ôtèrent le doute; il
joua sa fortune, renouvela Pharsale et dis-
parut. C'est alors qu'aidé de la puissance
suprême et des rois de la terre, le fils de
Saint-Louis monta sur le trône, qu'il re-
conquit le sceptre paternel, celui de la gloire,
et donna la charte constitutionnelle à la
France moderne.

Une monarchie légitime grandit avec les siècles; elle se consolide, elle se régénère par des lois nouvelles conformes à la civilisation sociale. La France a toujours donné et donne encore aujourd'hui le plus parfait modèle du gouvernement monarchique. N'a-t-elle pas devancé dans la carrière, tous les peuples modernes? ne paraît-elle pas s'être emparée du génie des arts, qui planait autrefois sur Memphis, Athènes et sur Rome?

De grands législateurs ont écrit sur la nature des gouvernemens; mais de plus grands hommes encore ont été ceux qui réunissant des tribus, des peuplades, ont dans les premiers âges du monde donné les premières lois. Moïse aux Hébreux, Minos, Confucius, et ce Licurgue qui rendit Lacédémone, et si fière, et si glorieuse; les premiers sages de la Grèce, de l'Asie, de l'Afrique, de l'Europe enfin, n'ont-ils pas eu des difficultés extraordinaires à vaincre en parlant à des peuples comme frappés d'abord d'idiotisme? il fallait que la législation fut aussi simple que ces hommes ébauchés et superstitieux; il fallait en appeler de l'intérêt particulier à l'intérêt général; il fallait environner de prodiges, de mystères, la voix législative; il fallait, pour ainsi dire, associer la voix civile à la morale religieuse, et le plus souvent même faire un dogme sacré d'une simple loi sanitaire ou de police. Mais l'âge de la civilisation éclairant les peuples, ou plutôt un plus grand nombre d'hommes plongeant dans le fleuve de la science, il a fallu des lois plus positives, en même temps que plus faciles à imposer; les gouvernemens se sont consolidés; et grand nombre de publicistes, deux ou trois législateurs, nous ont fait connaître, dans leurs savans ouvrages, leurs projets et leur jugement. L'intérêt, le droit des nations furent reconnus, et la diplomatie ne fut plus une étude fallacieuse. La légitimité rendit les nations indépendantes, florissantes; tout autre gouvernement les rendit tributaires. Cette légitimité fut reconnue nécessaire au bien des hommes. Hume écrivait en sa faveur, mais par rapport à l'Angleterre; Bossuet trouvait, dans la légitimité, une puissance sacrée; Mably le moraliste s'oubliait quelquefois, et Montesquieu lui-même, croyant écrire un code pour la nature entière, dit bien que *la puissance exécutrice doit être entre les mains du monarque.* Cet immortel Montesquieu, ce chef-d'œuvre de l'entendement humain, reconnaît avec nous que la légitimité est bien le meilleur principe de gouvernement; mais il voudrait, dans sa philantropie législative, que chaque peuple s'accommodât de son gouvernement quel qu'il soit.

Si les lois communes doivent se soumettre au caractère distinctif de chaque nation; la morale, première loi constitutive, n'en est pas moins applicable à tous les peuples du globe : c'est ce qui rend la religion chrétienne propre à l'universalité du monde. Jésus-Christ, ce législateur digne en tout de sa divine origine, n'a pas voulu seulement s'adresser à une fraction de la terre; c'est à tous les hommes qu'il parle; et tous les hommes trouveront, dans le code sacré de l'évangile, le principe de la monarchie légitime : si le vicaire de Jésus-Christ est électif, c'est que le roi de l'église est Dieu même, et que Dieu est immortel.

Chaque jour nous entendons quelques in-

2

sensés s'écrier : *l'esprit du siècle ne saurait rétrograder ; en vain cherche-t-on à nous refouler vers les temps de la féodalité.* Cette calomnie, et beaucoup d'autres peut-être plus cruelles encore, n'ont pour but que d'exciter au mépris de la souveraine puissance, que d'entraîner dans l'abîme quelques malheureux enthousiastes.

Non, nous ne sommes pas encore arrivés à l'époque de la décadence du monde moderne ; l'esprit du siècle, mais bien plutôt le génie de cette miraculeuse période ne peut en effet rétrograder ; il aspire au contraire à un apogée glorieux, durable ; et cet apogée lui-même sera couronné par la monarchie légitime. Cette légitimité que l'on accuse de l'intention occulte de vouloir ressusciter la vassalité, cette légitimité est la seule qui arrache aux comtes, aux barons, leur suzeraineté usurpée ; elle donne à la France la liberté civile, individuelle ; elle l'inonde de gloire et de prospérité.

Que l'on jette les yeux sur le tableau rapide des progrès de la civilisation législative et sociale, et l'on verra la monarchie s'élancer au contraire au-dessus de l'esprit de son siècle.

César, et mieux Tacite, nous ont laissé le tableau des mœurs des Germains, des Gaulois et des Francs; et il est aisé de reconnaître encore, même de nos jours, plusieurs des coutumes de ces diverses souches. Clovis apporte dans les Gaules les premiers élémens de l'autorité monarchique; plus tard, Charlemagne, que l'on peut regarder à juste titre, comme le plus grand conquérant et le plus illustre législateur de notre patrie, est le premier qui reconnaît les droits de la puissance divine dans la puissance monarchique, et qui en consacre la formule; formule d'autant plus belle, d'autant plus philosophique, que sans-cesse elle rappelle au monarque que tout pouvoir vient de Dieu (1) et qu'il n'est en un mot que le mandataire de la divinité.

On le sait; la faiblesse des derniers rois de la race de Clovis porta les maires du palais

---

(1) Carolus divino natu coronatus Romanorum regens imperium, serenissimus Augustus etc... anno incarnationis domini nostri J-C. DCCCI., regni nostri in Franciâ 23, in Italiâ. *Lettre de Charlemagne à Pepin, roi d'Italie.*

à s'emparer de la suprême puissance. A la co-
lossale grandeur de Charlemagne, succèda
la faiblesse de Louis-le-Débonnaire, et les
rois des deux premières races devaient perdre
en effet une autorité qu'ils semblaient abandonner.

Le systéme de la féodalité qui se prolonge
encore sous les rois de la troisième race, finit
par se perdre tout-à-fait, non par suite d'une
révolution populaire, mais de la volonté ex-
presse de nos, rois. François 1er. et saint
Louis n'ont-ils pas imprimé quelque chose
de vénérable à leur règne si justement glorieux? Oui, la légitimité a seule le droit et
la puissance dans le monde moderne, d'agran-
dir et d'illustrer les peuples, de consolider
les empires.

En parcourant les annales de la monarchie,
nous voyons la France excitée et poussée à
la civilisation politique, morale et religieuse,
à l'indépendance, enfin à la liberté possible,
de la seule volonté de ses Rois. L'esclavage
disparaît, les corvées, les subsides injustes,
les formes barbares ou arbitraires de la jus-
tice, tout cela est remplacé par une législation
égale pour tous, et aussi équitable que l'es-

prit de l'homme peut l'exiger; tout cela était fait, quand l'anarchie remplaça le gouvernement paternel des Bourbons. La révolution française n'a pas plus provoqué la révolution des sciences et des arts: il n'y a rien de commun dans la décadence des empires avec la régénération de la science; si la France eût péri, elle eût englouti sous les ruines des monuments des arts, les artistes eux-mêmes.

Cependant, comme la civilisation et la législation modernes nous ôtent toute comparaison avec l'histoire ancienne, nous voyons la France même, au sein de la tempête révolutionnaire, conserver sa puissance et sa suprématie dans les sciences et dans les arts. Ceux qui paraissent douter qu'elle eût également conservé son courage, ont retrouvé la France guerrière et glorieuse sous le commandement d'un fils de France. Le vieux soldat avait vu un général habile foudroyer des empires, se jouer du droit des nations et des rois : il vient de voir un prince du sang des Bourbons, un camarade d'armes, non pas le conquérant, mais le héros libérateur, s'agenouiller aux pieds du souverain qu'il arrachait aux fers du despotisme ; il l'a vu remplir avec respect auprès de Ferdinand, les devoirs d'un brave et digne chevalier ; il l'a vu joindre à la courtoisie héroïque d'Henri IV, la vaillance chrétienne de saint Louis.

Le Roi est mort, vive le Roi ! c'est là le titre d'une brochure que le brillant auteur du *Génie du Christianisme*, a publiée le jour même de la mort du monarque (16 septembre 1824). Que sa douleur est vive, que son expression est touchante, et qu'il sait avec éloquence gagner tous les cœurs, servir la cause sacrée, et faire pleurer la France sur la tombe de ses rois ! Sans intrigues, sans épée, sans fortune, il arrache tout un peuple à la stupeur indécise ; il proclame les Bourbons, et la France salue du titre de *Désiré* Louis XVIII. L'injustice n'aigrit pas le cœur d'un vrai chevalier, qui ne sépare point la gloire du trône du bonheur de son pays ; on l'exile, mais sa plume indépendante, sert le roi *quand même* ; le premier il attache le crêpe funèbre au burin de l'histoire, et il élève sur le pavois le digne successeur de Louis :

Charles X, que le peuple doit surnommer le *Juste* (1).

Pour nous, que notre voix a été faible auprès de celle d'un aussi puissant soutien des droits légitimes! heureux seulement de la bonté de la cause que nous voulons défendre; fier et vieux transfuge de l'erreur, nous ne marcherons désormais que sous l'étendard de la vérité, de la foi et des lys! *vive le roi! vive Charles X!*

---

(1) Que Charles X obtienne de l'amour de son peuple, le nom de *Juste*, déja decerné dès le berceau de la monarchie à Childebert et que Louis XIII, fils du bon Henri, et père du grand roi, a si dignement porté.

www.ingramcontent.com/pod-product-compliance
Lightning Source LLC
LaVergne TN
LVHW051132060726
842526LV00006B/2026